NOUVEAU MANUEL

DE

STÉNOGRAPHIE.

NOUVEAU MANUEL DE STÉNOGRAPHIE,

OU

ART DE SUIVRE LA PAROLE EN ÉCRIVANT,

PAR HYP. PRÉVOST,

Membre de l'Athénée des arts de Paris, sténographe contrôleur de la rédaction des Chambres au Moniteur, et inventeur de la Sténographie musicale.

QUATRIÈME ÉDITION,

REVUE, AUGMENTÉE ET ACCOMPAGNÉE DE PLANCHES.

PARIS,

A LA LIBRAIRIE ENCYCLOPÉDIQUE DE RORET,

RUE HAUTEFEUILLE, N° 10 BIS.

1834.

INTRODUCTION.

Utilité de la Sténographie.

Abréger les travaux c'est prolonger la vie.
CONEN DE PRÉPÉAN.

La sténographie a jusqu'ici été définie *l'art d'écrire aussi vite que l'on parle.* Cette définition exclusive est peut-être une des causes qui ont le plus nui à la généralisation de son étude. C'est une écriture qui entre des mains exercées peut devenir *six à huit fois plus rapide que l'écriture usuelle.* Considéré sous ce point de vue *économique*, cet art s'adresse, dans presque toutes les positions de la vie, aux personnes qui apprécient le temps en raison du bon emploi qu'elles en font.

Il est en effet peu d'hommes qui ne consacrent quelques heures par jour soit à prendre des notes, ou à recueillir des extraits, soit à faire des brouillons ou à conserver des copies de ce qu'ils écrivent;

aidés de la sténographie, ils pourraient considérablement abréger cette opération fatigante et toute matérielle.

Que de fois, dans la composition, n'a-t-on pas à déplorer, dans les momens de verve, d'enthousiasme, de ne pouvoir fixer sur le papier ses idées aussi rapidement qu'elles se présentent à l'esprit! Que d'inspirations étouffées par la lenteur du mécanisme de l'écriture usuelle, véritable boulet que l'imagination est condamnée à traîner à la remorque!

Comme moyen de recueillir la parole, la sténographie a des applications moins générales, mais aussi elles sont plus brillantes et en quelque sorte plus sociales dans leurs résultats.

La tribune, la chaire, le barreau, les facultés, les théâtres, les académies, sont autant de champs que, dans l'intérêt de tous, le sténographe exploite chaque jour avec succès.

Tout le monde connaît les services que la sténographie rend à la presse périodique. C'est à l'aide de notes sténographiques que, dans les principaux journaux de Paris, sont rédigés les comptes-rendus des débats parlementaires et judiciaires. Mais il n'est pas inutile d'énumérer quelques-uns des cas plus modestes où la pratique de la sténographie peut être fort utile.

L'étudiant des diverses facultés peut appliquer cet art à recueillir les parties principales des leçons de ses professeurs et quelquefois même, s'il le juge convenable, leurs leçons entières, pour travailler chez lui, sur des données certaines, et non pas sur des notes dont l'extrême concision nuit toujours à l'exactitude et induit souvent en erreur.

L'avocat sténographe peut saisir textuellement sinon le plaidoyer entier de son adversaire, au moins le développement de ses argumens principaux, pour rendre leur réfutation plus complète : il ne serait pas sans intérêt pour lui, dans quelques circonstances, d'avoir, au sortir de l'audience, et sans passer par les lenteurs du greffe, le texte d'un jugement, d'un arrêt.

Les greffiers des cours et des tribunaux peuvent surtout dans les affaires criminelles, utiliser au profit de la société, le talent abréviateur.

Le journaliste qui, assistant à une première représentation d'ouvrage dramatique ou à une séance académique, doit en rendre compte le lendemain au public, au lieu de l'à-peu-près de quelques beaux vers, ou d'une belle pensée couverte d'applaudissemens, peut citer exactement, faire comprendre et appuyer par des extraits, l'opinion qu'il exprime.

Les gens du monde, les dames dans les salons, au théâtre, ne peuvent-ils également faire contribuer la sténographie à leurs plaisirs, en recueillant, pour ainsi dire, à la volée, une romance, un couplet qui leur plaisent ?

Enfin, il n'est presque pas de position où la sténographie ne soit utile ou du moins agréable, et nous serions fort étonnés au milieu de l'activité générale des esprits, du besoin d'instruction en tout genre, et de la nécessité de prolonger le temps en en diminuant la perte; nous serions fort étonnés, disons-nous, si la sténographie n'arrivait pas à faire partie des études classiques.

Histoire de la Sténographie.

L'art de suivre la parole en écrivant, n'est pas. comme on le croit généralement, d'une invention moderne. Les Grecs pratiquaient sous le nom de *séméiographie*, une écriture dont les caractères sont décrits et conservés par Plutarque. Xénophon, surnommé l'Abeille Attique, fut le premier qui en fit usage pour recueillir la parole de Socrate.

De la Grèce cet art passa à Rome, il y fit de rapides progrès. Cicéron avait formé plusieurs *notaires* qu'il distribuait dans les diverses parties du Sénat pour écrire ses improvisations. C'est à ces secrétaires que l'on doit la conservation du discours de Caton dans la conjuration de Catilina.

Tyron, l'un des affranchis et des amis de Cicéron, devint très-habile dans la pratique de ces *notes;* malgré les travaux de Senèque le rhéteur, qui ajouta, dit-on, cinq mille signes à ceux déjà pratiqués, c'est Tyron qui a attaché son nom à l'art abréviateur latin; la sténographie romaine est connue aujourd'hui sous le nom de *notes tyroniennes.*

Le christianisme qui sut si bien s'assimiler la virtualité inculte de la barbarie, ainsi que la science que lui léguait l'antiquité, sentit tout le prix de l'art tyronien.

Les *notes*, naguère profanes, furent appliquées à la parole sacrée des premiers pères de l'Eglise, et devinrent, entre les mains des clercs, un instrument puissant de propagation pour la foi nouvelle. Plusieurs manuscrits de notes tyroniennes, datant des premiers siècles de l'ère chrétienne, sont conservés à la Bibliothèque royale à Paris.

Les traces de l'existence de la sténographie se perdent au milieu des ténèbres épaisses du moyen âge. Nous savons seulement par le savant abbé Trithèmes, que cette écriture d'abord acceptée, encouragée par l'Eglise, fut plus tard en butte à ses persécutions. Considérée comme œuvre de magie, de nécromancie, elle fut proscrite, et ceux qui la pratiquaient expièrent plusieurs fois sur le bûcher le tort irrémissible alors de cultiver un art qui n'était pas de la monnaie courante de l'époque. Grâces à la civilisation, moins cruels mais non moins injustes aujourd'hui, nous ne brûlons plus, mais nous flétrissons de l'épithète de fou, de charlatan, ceux qui plus dévoués ne craignent pas, en se jetant dans des voies nouvelles, d'affronter mille chances d'erreur pour découvrir une petite vérité.

Les besoins font naître les découvertes. L'Angleterre, la première des nations modernes qui ait joui des avantages du gouvernement représentatif, de ce gouvernement où la parole joue un si grand rôle, vit renaître la sténographie dans son sein.

Plus de cent ouvrages ont été publiés dans ce pays, depuis le XVIe jusqu'à la fin du XVIII siècle.

Des cours de sténographie furent successivement établis dans toutes les universités de la Grande-Bretagne; car on ne tarda pas à s'apercevoir, qu'outre ses applications politiques, la sténographie « *short-hand, main-courte* » présentait aux élèves des facultés, aux avocats, aux théologiens, aux auteurs, etc., des avantages qui en rendaient l'usage précieux.

Le chevalier Ramsay, écossais, dédia en 1681, à Louis XIV, un ouvrage de sténographie qui n'était que la traduction de celui de Shelton, auteur d'une des meilleurs théories anglais s de cette époque.

Quelques autres essais spéculatifs, entr'autres la tachygraphie de Coulon de Thévenot, parurent en France avant la révolution; mais leur insuffisance est malheureusement trop démontrée par ce fait déplorable pour l'histoire littéraire de nos premières assemblées législatives : aucun sténographe ne concourut au compte-rendu du drame parlementaire de cette grande époque. Il ne ne nous reste que les analyses, que le squelette, en quelque sorte, des improvisations des Mirabeau, des Vergniaud, des Maury, des Barnave, etc. Que l'on juge par ces précieux fragmens de l'immensité de notre perte ! ! !

La théorie anglaise de Taylor, fut en 1791, adaptée à la langue française par Th. P. Bertin; la différence du mécanisme de ces deux langues rend cette importation moins heureuse que ne l'espérait son auteur.

Sous l'Empire, époque où la parole n'avait point la faveur et les encouragemens du Maître, la sténographie s'éclipsa pour reparaître bientôt, sous la Restauration, sous de meilleurs auspices. Les formes parlementaires, consacrées par la charte de 1814, firent sentir toute l'utilité que la presse pouvait retirer d'un auxiliaire aussi puissant. Dès lors la pratique et la théorie de cet art ont constamment été en progrès.

Examen critique des principales théories sténographiques.

L'écriture sténographique doit, pour être applicable, joindre à une exécution qui puisse rivaliser de rapidité avec la parole, une traduction facile.

Tel était le double but que devaient se proposer ceux qui s'occupaient de la théorie de cet art. On dirait en consultant les ouvrages publiés jusqu'ici, que, reconnaissant d'avance l'impossibilité de réunir ces deux qualités, leurs auteurs se sont appliqués à en perfectionner une, en négligeant entièrement l'autre. Ceux-ci ont sacrifié la lisibilité à la rapidité, vice; ceux-là la rapidité à la lisibilité, vice plus grand encore, car la reproduction de la parole de l'orateur est l'application la plus utile et en même temps la plus brillante de la sténographie.

Pour faire un bon traité de sténographie, on doit 1° avoir préalablement pratiqué un système quelconque, afin de connaître les difficultés à vaincre, et 2° avoir soigneusement étudié la composition des mots, leur mécanisme, le jeu des lettres et leurs relations entre elles. Ces deux conditions sont indispensables pour embrasser tous les élémens de la question.

Les praticiens habiles ont en général négligé ou dédaigné la théorie et trop souvent même les théoriciens. Quand ils ont écrit, ce qui est très-rare, ils ont offert au public le fruit de leur pratique, c'est-à dire des moyens particuliers dont le défaut de méthode rend la démonstration presque impossible. Leurs systèmes ne peuvent pas supporter une analyse un peu sévère.

Des savans, des grammairiens ont aussi consacré leurs veilles aux progrès de l'art abréviateur. Leurs systèmes sont en général bien divisés; les élémens des mots y sont méthodiquement exposés; mais ces auteurs ont presque tous échoué dans le choix des signes. Conçues avant la pratique, ces théories lui ont presque toujours résisté, quand on a voulu leur en faire subir l'épreuve. Nous ne craignons pas d'être démenti en disant que sur une vingtaine de théoriciens qui ont publié des traités depuis une quinzaine d'années, à peine en trouverait-on deux ou trois capables de démontrer par leur habileté personnelle l'excellence des théories qu'ils ont proposées. Ce fait explique, si non justifie le peu de crédit dont ces derniers jouissent auprès des praticiens.

Nous venons d'indiquer d'une manière sommaire les vices des systèmes publiés en France jusqu'à ce jour. Revenons sur ce sujet et justifions notre critique générale en nous livrant rapidement à un examen spécial. Nous passerons sous silence les noms des auteurs qui n'ont rien apporté de nouveau à l'art, ou dont les ouvrages ne sont que des plagiats ou des spéculations de librairie, et nous n'arrêterons l'attention de nos lecteurs que sur les théories culminantes qui se recommandent par le nom de leurs auteurs ou surtout par quelques praticiens habiles.

Les théories antérieures à la *tachygraphie* de Coulon de Thévenot, ainsi que la *méthode de Mitchell*, et le parfait alphabet du curé de Saint-Laurent qui lui sont contemporains, n'ont laissé aucune trace dans la pratique de l'art. Nous commencerons donc par la tachygraphie dont la première édition est de 1777.

Les voyelles et les consonnes sont, dans ce système, exactement reproduites par des signes de convention; mais la prolixité de ces signes augmentée par le défaut de liaison des syllables, rend cette écriture impropre à suivre la parole. Par le défaut qu'elle a fait en présence des assemblées délibérantes de notre première révolution, nous la croyions jugée sans appel et mise hors de cause, aussi n'est-ce pas sans étonnement que nous l'avons vue non seulement rappelée, mais recommandée en 1832, dans un rapport fait à l'Académie par M. Jomard.

L'on ne peut pas opposer à notre jugement l'habileté de Mlle Coulon de Thévenot; fille de l'inventeur, née pour ainsi dire dans la tachygraphie et exercée depuis son enfance, on conçoit que chez cette dame une si longue habitude ait pu suppléer en quelque sorte à l'insuffisance des moyens.

Quelques années après, comme nous l'avons déjà dit, Bertin traduisit et adapta à la langue française le système de Taylor, qui jouissait en Angleterre d'une grande réputation. Cette écriture consiste dans la privation absolue des voyelles au commencement et au milieu des mots; elles peuvent seulement être représentées à la fin d'une manière distincte. Les signes de Taylor sont très-simples, leur liaison est facile. Aussi ce système, sous le rapport de la lisibilité moins facile que la tachygraphie, lui est inconstestablement supérieur sous celui de la rapidité. Il a produit quelques praticiens parmi lesquels M. A. Grosselin, tient incontestablement le premier rang. Il est vrai que le défaut de voyelles initiales et médiales peut causer aux élèves de ce système d'assez graves erreurs ; ils peuvent lire, par exemple, les signes correspondants à *k*, *n*, *t*, *r*, des diverses manières suivantes : *contre*, *contour*, *comptoir*, *conteur*, *connaître*, *etc.*, ceux-ci, *f*, *k*, *son*, *affection*, *vocation* ou *évocation*, etc. ; ceux-là, *m*, *n*, *t*, *r*, *montre*, *mentir*, *menteur*, *moniteur*, *etc.* Il est rare cependant que l'intelligence des praticiens ne détruise pas ces vices de la méthode. La différence de mécanisme de la langue française et de la langue anglaise, explique celle du succès que le même système a obtenu dans ses applications à ces deux langues.

Malgré ses inconvéniens, ce système étant deux fois plus rapide que la tachygraphie, doit lui être préféré parce qu'il permet d'atteindre le but, c'est-à-dire de suivre la parole, et qu'ensuite l'habitude et l'intelligence peuvent venir à bout de la difficulté de traduction, tandis que le premier ne sera jamais applicable que comme écriture particulière à cause de l'insuffisance de la rapidité.

Frappé des défauts de ces deux théories, M. Conen de Prépéan crut pouvoir y remédier et réunir la lisibilité de la première à la rapidité de la seconde. Dans cinq éditions successives, il a poursuivi une idée ingénieuse à laquelle il a fait successivement subir des améliorations. Dans ce système, les caractères sont liés comme dans celui de Taylor ; les voyelles et les consonnes sont exactement exprimées ; mais ces doubles élémens des mots étant fort nombreux et les signes simples propres à la sténographie l'étant très peu, l'auteur a été obligé pour les multiplier, de leur faire subir de nombreuses modifications dans la dimension, de sorte qu'il en résulte qu'un même signe, suivant sa longueur, change trois fois de signification. C'est là un vice capital qui détruit en grande partie tout ce qu'avait d'heureux pour l'art, l'idée d'exprimer exactement les voyelles et les consonnes, sans lever la plume à chaque syllabe. Un autre défaut non moins grand que l'on doit encore reprocher à cet auteur, c'est l'emploi de signes sécans qui ne peuvent être exécutés qu'en revenant, après avoir écrit le mot sur la lettre à couper, double mouvement très-nuisible à la rapidité.

Néanmoins en renonçant à la partie de ce système qui offre les inconvéniens que nous venons de signaler ou en l'amendant par des moyens particuliers, quelques personnes l'ont appliqué avec succès. Nous ne croyons pas cependant que M. de Prépéan ait d'élèves *purs* d'une grande habileté, mais parmi ses élèves *modificateurs* : M. Delsart est un des plus distingués (1).

M. Aimé Paris et M. Cadrès-Marmet, ont publié des ouvrages où ils ont fait subir à cette méthode, des changemens qui aux yeux de M. de Prépéan gâtent plutôt qu'ils n'améliorent ses idées.

Un ouvrage de la même école, de M. C.

---

(1) M. de Prépéan a publié récemment une 6e édition où son système est nié et renversé par lui-même; il en propose un nouveau, basé sur des principes absolument différens.

D. Lagache, ne nous a paru se distinguer des trois précédens que par une meilleure décomposition du langage, mérite plus grammatical que sténographique. Son auteur, l'un des rédacteurs principaux du Moniteur, est un très-habile sténographe. Nous savons qu'il a complété sa théorie et l'a assouplie, en quelque sorte à la pratique, à l'aide de moyens nouveaux encore inédits.

Ayant promis de ne parler que des ouvrages qui avaient laissé quelques élèves, nous devons ne pas nous arrêter sur une foule d'autres théories, entre autres sur l'okigraphie de M. Honoré Blanc; sur la notographie de M. Vidal; sur la mimographie de M. Bébian; sur la graphodromie de M. Astier, etc., etc.; chacun de ces ouvrages renferme pourtant quelque idée ingénieuse, dont l'art fera sans doute plus tard son profit.

Bien que la même stérilité soit réservée sans doute à quelques théories récentes, je dois cependant en dire quelques mots à cause de l'attention que leurs auteurs ont appelée sur elles par divers moyens.

Il y a quelques années que M. Dutertre publia un système dans lequel il emploie comme dans la musique un certain nombre de lignes qui forment une portée. Chaque ligne de cette portée représente une voyelle, de sorte qu'il n'y a qu'à y poser les signes consonnes pour exprimer exactement les syllabes. Cette idée a déjà été conçue et abandonnée plusieurs fois, à cause de l'impossibilité où elle met de lier les syllabes entre elles et de l'attention qu'elle exige pour bien attaquer la ligne que l'on doit toucher; deux choses incompatibles avec une exécution rapide.

M. Dutertre et son associé anonyme auraient dû, en conscience, avertir que l'ouvrage publié par eux n'est, y compris la préface, qu'une traduction assez inexacte du traité anglais de Hinton.

M. Astier, le même qui, en 1817 et 1825, avait fait paraître deux théories différentes, est, en 1830, rentré pour la troisième fois dans la lice avec des moyens encore différens des premiers qu'il avait proposés; mais il n'a pas été plus heureux que dans ses premiers essais. Son système comme celui de M. Dutertre, repose sur des lignes auxquelles il faut commencer certaines lettres; chez lui, les syllabes sont liées entre elles par des signes parasites, qu'on pourrait comparer pour la forme et pour la valeur à ce que nous appelons des *déliés* dans l'écriture usuelle. Perdre un *temps* entre chaque syllabe à faire un *délié* ou à lever la plume, c'est la même chose.

D'ailleurs, cet assujettissement incessant à une ligne donnée est inadmissible dans la sténographie pratique qui doit être souvent exécutée avec une grande vivacité de main pour rivaliser avec la parole de certains orateurs.

Nous arrivons à l'un des derniers ouvrages publiés, à celui de M. Fayet. Préoccupé par un principe contestable, selon nous, à savoir que la pente de l'écriture anglaise qui est la plus élégante, est en même temps la plus favorable à la rapidité, M. Fayet a cherché à y ramener tous ses caractères. En se servant de toutes les directions, ses prédécesseurs avaient été bien embarrassés de trouver un nombre suffisantde signes bien distincts; M. Fayet se créait donc une difficulté bien grande à surmonter, en cherchant plus de vingt signes dans une seule direction : comment l'a-t-il résolue? en exagérant tous les défauts de ses prédécesseurs, c'est-à-dire en donnant plusieurs valeurs à un signe unique, suivant sa dimension, et en le commençant à des hauteurs données et par diverses modifications qu'à peine l'œil peut saisir, qu'un sténographe ne pourra jamais exécuter rapidement, et qu'à main reposée même, un calligraphe habile éprouverait de la difficulté à bien tracer. D'ailleurs, abstraction faite de cette impossibilité d'exécution, ce système est de beaucoup moins rapide que ceux dont j'ai déjà parlé.

Quelques pénibles que soient pour nous les observations que nous avons à présenter sur le *Cours de Sténographie* de M. A. Fossé, l'essai historique sur la sténographie qui précède l'exposition de sa théorie, est un morceau trop remarquable par l'érudition consciencieuse et les savantes recherches que l'on y remarque, pour passer cet ouvrage sous silence.

Après avoir payé à la partie historique de ce livre le juste tribut d'éloges qu'il mérite, on nous permettra d'adresser à l'auteur quelques reproches, en quelque sorte personnels, relatifs à la méthode exposée.

La sagacité de critique et le mérite littéraire dont M. Fossé a fait preuve dans son travail sur les *notes tyroniennes* qu'il a, en quelque sorte, ressuscitées, assigne un rang distingué à cet auteur. S'il eût tourné son intelligence vers l'amélioration théorique d'un art dans lequel d'ailleurs il était très-habile praticien, nul doute qu'il n'eût contribué puissamment à ses progrès; mais il n'en est pas ainsi. Elève du système de Taylor, il en a toujours été un praticien *pur*. Son intelligence lui avait permis d'accepter ce système incomplet sans aucun amendement.

Après avoir achevé son essai historique, M. Fossé pensa que la place la plus convenable de cette monographie était à la tête d'un traité. Quel système adopter? celui de Taylor qu'il pratiquait? Mais notre système le comprend avec des additions si nombreuses et des améliorations si incontestables, que, consciencieusement, on ne pouvait exposer Taylor sans tenir quelque compte de nos travaux. Reconnaître le mérite d'un auteur mort, s'en déclarer le disciple, l'amour-propre le plus chatouilleux le permet encore; mais recommander la théorie d'un de ses collégues, chargé à cette époque de travaux peu importans, on ne pouvait exiger d'un confrère une abnégation aussi complète, un désintéressement aussi exemplaire.

Voyons comment M. Fossé s'est tiré de cet embarras. Citons deux passages de sa préface :

« Ce choix libre et désintéressé (de Taylor) autorise de notre part des éloges, que devraient s'interdire par prudence, si ce n'est par modestie, les auteurs parlant de leur propre ouvrage. Notre liberté est d'autant moins restreinte, que même pour les modifications apportées à la méthode primitive du professeur anglais, nous ne réclamons pas l'honneur de ce perfectionnement ; il appartient au *temps* et à *l'expérience*, deux grands maîtres dont nous avons recueilli les enseignemens.....

« Si le public justifie par un bon accueil l'espoir que nous avons conçu, nos confrères les inventeurs apprendront qu'il y avait encore après eux quelque chose à trouver. »

Sans doute aucun inventeur, et c'est surtout pour nous que nous parlons, ne s'est montré assez ignorant de l'histoire de tous les arts et de toutes les sciences, et assez stupide, pour avancer qu'il avait posé irrévocablement les dernières limites de la sténographie ; mais quoiqu'il en soit, celui-là *n'a rien trouvé après ses confrères les inventeurs*, mais a commis à leur égard un plagiat, qui a pris en entier, sans le dire, *la division des initiales et des finales en simples et composées, en* l *et en* r, *le chapitre des signes détachés, etc., etc.* Seulement, obligé pour déguiser ses emprunts de changer quelques signes et de sortir ainsi de la ligne droite que lui indiquait la déduction logique, il a substitué à un système rationnel un véritable *imbroglio* de signes sans lien méthodique, et il a altéré la simplicité admirable de la théorie de Taylor, sans racheter cette altération par la rapidité et la lisibilité, résultat de nos travaux.

Quand on est aussi riche que M. Fossé, et que par son essai historique on peut offrir aux autres une aussi ample compensation de ses emprunts, on doit avoir la loyauté de les avouer. Le grand livre encyclopédique du *temps* et de *l'expérience* renferme sans doute bien des enseignemens dont M. Fossé a profité pour la composition de son ouvrage; mais pour les divisions et les chapitres dont nous venons de parler, n'avait-il pas consulté un livre plus petit, plus modeste, intitulé : *Nouveau système de Sténographie*, de M. H[te] Prévost ? C'est à M. Fossé lui-même que nous adressons cette question.

Ainsi l'art sténographique était représenté par l'école de Taylor et par celle de M. Conen de Prépéan, quand nous avons commencé nos travaux. La question n'a pas encore aujourd'hui changé de terrain, puisque, comme nous venons de le voir, les ouvrages ultérieurs n'ont rien introduit de bien important dans la pratique.

Un *mezzo termine*, une espèce d'ecclectisme sténographique était la route qui nous était indiquée par l'expérience pour éviter les écueils où étaient venus échouer nos prédécesseurs. Rendre lisible le système de Taylor était d'abord l'unique but que nous nous étions proposé. Nous l'avons obtenu en ajoutant aux caractères de Taylor que nous avons adoptés, des signes représentant quelques-unes des syllabes les plus fréquentes au milieu des mots, et en indiquant sans lever la plume, la division des syllabes. Nous avons déduit d'une observation attentive du mécanisme des mots un système complet d'initiales et de finales, dont les signes, méthodiquement combinés, sont très-faciles à retenir et à exécuter. La suppression par incompatibilité de quelques-unes des lettres les plus fréquentes, nous a paru surtout une idée neuve et assez heureuse Les mots qui donnent lieu à l'application de ce principe se trouvent en effet réduits de plus de moitié. Nous ferons tous nos efforts pour lui donner une extension de plus en plus grande.

Quelle conclusion tirer de cette critique comparée? c'est que deux ou trois systèmes se sont recommandés par la pratique, et que seuls ils méritent plus ou moins la confiance de personnes qui veulent se livrer à cette étude. Mais à laquelle de ces théories doit-on assigner exclusivement la première place? selon nous, à la nôtre. Si telle n'eût été notre conviction la plus profonde, nous n'aurions pas publié un nouveau livre, inutile s'il n'est pas le meilleur. Mais chaque auteur peut, de bonne foi, en dire autant de son ouvrage. Pour nous qui ne reconnaissons pas la compétence des académies ou des sociétés savantes (qui ne savent pas la sténographie), nous nous en remettons avec confiance au temps : d'avance, nous acceptons son jugement sur ces prétentions diverses.

NOUVEAU SYSTÈME

DE

STÉNOGRAPHIE.

PREMIÈRE PARTIE.

Caractères sténographiques.

Manière de les tracer (1).

Les caractères sténographiques se divisent en cinq classes : celle des lignes droites, celle des courbes ou demi-cercles, celle des lignes droites bouclées, celle des courbes bouclées et celle des lignes à crochets.

Des droites.

La ligne droite forme cinq lettres, suivant sa direction, savoir :

(1) Pour mieux entendre ce chapitre, on doit avoir sous les yeux l'alphabet. (Pl. I.)

L'oblique *d*, qui se trace de haut en bas, et de droite à gauche;

L'oblique *r*, qui est la même que la précédente, tracée de bas en haut (1);

L'oblique *f* ou *v*, qui se trace de haut en bas et de gauche à droite;

L'horizontale *s*, qui se tire de gauche à droite;

Et la verticale *t*, de haut en bas.

Des courbes ou demi-cercles.

Le cercle coupé par une verticale forme deux demi-cercles :

Celui qui est à gauche de la sécante représente le *ch*,

Et celui qui est à droite le *g* ou *j*.

Ces deux demi-cercles se tracent de haut en bas.

---

(1) On verra dans le chapitre du Paradigme, qu'il est impossible de confondre l'*r* avec le *d*, malgré leur apparente identité : cette première lettre ne prend cette figure que quand elle est liée à une consonne; quand elle est seule, on la représente par l'*r* de l'écriture ordinaire, afin de la distinguer du *d*.

Coupé par une horizontale, le cercle fournit deux nouveaux caractères :

Le demi-cercle supérieur à la sécante représente le *k* ou le *q*,

Et le demi-cercle inférieur l'*n*.

Ces deux demi-cercles se contournent de gauche à droite.

Des lignes bouclées.

La ligne droite bouclée a fourni cinq nouveaux caractères :

De l'oblique *d*, bouclée à gauche, est résulté le *b*;

De l'oblique *r*, bouclée à droite, l'*l*;

De l'oblique *f* ou *v*, bouclée à droite l'*h*;

De l'horizontale *s*, bouclée au-dessous, l'*m*;

De la verticale *t*, bouclée à droite, le *p*;

Des courbes bouclées.

La ligne courbe nous a fourni quatre autres signes :

Le *ch*, bouclé en dedans et à l'extrémité supérieure, a produit le *gn*;

Le *g*, modifié de la même manière, le *con*, *cons*;

En bouclant en dedans l'extrémité gauche du *k* ou *q*, on a formé le *lan*, *len*, *lin*, *lon*, *lun* ;

La même modification apportée à l'*n*, a donné le *ran*, *ren*, *rin*, *ron*, *run*.

Règle. Toutes les lignes bouclées, droites ou courbes, commencent par la boucle. On a la faculté de tourner cette boucle de la manière la plus commode pour les liaisons, c'est-à-dire de la placer à gauche ou à droite dans les figures bouclées à lignes droites verticales ou obliques, telles que *b*, *h*, *l*, *p*, et dans les figures courbes bouclées coupées par une horizontale, telles que *ran* et *lan* ; et de la mettre au-dessus ou au-dessous dans la figure horizontale *m* et les courbes bouclées coupées par une verticale, telles que *gn* et *con* ; mais au commencement des mots, on doit toujours conserver à la boucle la position qui lui est assignée dans l'alphabet (1).

---

(1) On verra, au chapitre des initiales consonnes, pour quelle raison, au commencement des mots, on ne peut changer la position de la boucle.

Des lignes à crochets.

Les lignes à crochets *x*, *y* et *on* se commencent par le crochet.

Proportion des signes.

On doit conserver autant que possible, pour la régularité de l'écriture, entre les dimensions des divers caractères, un rapport qui en facilite aussi la traduction; ce rapport est d'un à deux tiers : c'est-à-dire qu'on doit donner aux lignes droites simples, bouclées et à crochets, un tiers de longueur de plus qu'au diamètre des signes formés par les courbes simples, bouclées et à crochet.

Moyens rationnels et mnémoniques de retenir les caractères de l'alphabet.

La détermination des signes affectés à chaque lettre n'est pas arbitraire, elle est généralement basée sur ces deux principes : savoir : 1° que la commodité du signe doit être en raison directe de la fréquence de la lettre ou de la syllabe; 2° qu'il doit y avoir une certaine analogie entre les signes des *lettres similaires.*

Nous devons rappeler à nos lecteurs ce qu'on entend par lettres similaires.

Un certain nombre de lettres comprises dans l'alphabet de notre langue offre des couples analogues. Les lettres qui composent ce couple ne se distinguent les unes des autres que par le plus ou moins de force qu'exige leur articulation. Par exemple :

p est la forte de *b*
t . . . id. . de *d*
k . . . id. . de *gu*
ch. . . id. . de *j*, etc.

Les deux *lettres* les plus nombreuses *t* et *p* sont représentées l'une et l'autre par une ligne droite dans la direction verticale : les signes de ces deux lettres ne diffèrent qu'en ce que le *p* est bouclé à sa naissance.

Comme dans la rapidité ces lignes droites verticales peuvent être entraînées dans la direction de gauche à droite, nous avons employé cette dernière direction pour représenter les faibles relatives *d* et *b*; le *b* comme sa relative *p* est bouclé.

Ainsi la ligne droite verticale rappelle toujours une forte, et la ligne de droite à gauche une faible. Il reste seulement à retenir la modification de la boucle qui distingue le couple *p*, *b* du couple *t*, *d*.

La modification de la boucle qui ralentit toujours un peu l'exécution du caractère qui en est affecté, n'est pas arbitraire, elle atteint toujours les letttres moins communes. Dans ce dernier cas, en effet, elle précède le couple *p*, *b*, et non pas le couple *t*, *d*, parce que, sur 100,000 lettres, le premier couple se rencontre 6,000 fois, tandis que le second y figure 8,500 fois.

Les lettres *r* et *l* sont aussi très-fréquentes : on appelle ces lettres *liquides*, parce que dans certains cas elles ont la propriété de se *liquéfier*, si je puis m'exprimer ainsi, dans la consonne qui précède et de former avec elle une seule et même articulation; exemple : *pr*, *fl*, *cr*, *gl*, etc.

Cette propriété de liquidité que présentent *exclusivement* ces deux lettres explique leur plus grande fréquence dans la langue, puisque d'ailleurs elles peuvent, comme toutes les autres consonnes, se trouver au commencement et à la fin des syllabes.

La liquide *r* est plus fréquente que la liquide *l;* l'*r* peut en effet se liquéfier avec 8 consonnes, tandis que l'*l* n'a cette propriété qu'avec 5 ; exemple :

pr	—	*br*	*pl*	—	*bl*
fr	—	*vr*	*fl*	—	..
cr	—	*gr*	*cl*	—	*gl*
tr	—	*dr*	...		...

C'est pourquoi l'*l*, à cause de la boucle, est la moins rapide des deux lignes ascendantes affectées aux liquides.

Nous avons considéré comme élémens simples, les syllabes *lan* et *ran*, parce que commençant par ces liquides *l* et *r*, elles ont comme ces liquides la propriété d'être *cramponnées*, que l'on nous passe ce mot qui exprime parfaitement le rôle passif de ces lettres dans le mécanisme du langage; d'être *cramponnées*, disons-nous, par une consonne précédente et de former avec elle une seule et même syllabe, comme *plan* et *pran ;* nous avons ainsi réduit les syllabes de ce genre à deux signes, au lieu de trois, *p l n*, *p r n*, qui auraient été nécessaires.

Pour établir de l'analogie entre *ran lan*,

r et *l*, nous avons cherché à donner à ces syllabes un signe ascendant; mais comme il nous a été impossible d'en trouver de bien distinct, nous avons choisi dans les quatre demi-cercles bouclés les deux qui reposent sur une base horizontale; s'ils n'ont pas l'avantage de monter comme nous l'aurions désiré, ils n'ont pas du moins l'inconvénient de descendre le monogramme, c'est-a-dire l'ensemble du mot.

Ran commençant par un *r* doit être par conséquent plus commun que *lan;* il est formé par le demi-cercle inférieur qui nous a semblé le plus facile.

Comme moyen mnémonique, on pourra remarquer que dans notre alphabet, nous n'avons que deux lettres doubles, le *ch* et le *gn*, et qu'elles sont représentées par un signe semblable. Le *gn*, moins commun que *ch*, en est distingué seulement par la boucle.

Le *g* est la faible du *ch;* quel rapport y a-t-il entre forte et faible? Un rapport d'opposition Le signe de *g* est aussi l'inverse de celui de *ch*.

F et *h*, lettres assez rares, ont des signes dans la direction la moins facile, celle de gauche à droite.

Nous appelons les caractères d'*x* et d'*y*, *signes de rebut*, parce que, si leurs crochets sont agrandis démesurément, ces lettres peuvent être confondues, l'*x* avec un *ch* suivi d'un *s*, et l'*y* avec un *ch* suivi d'un *r* (1). Aussi ces signes nous ont-ils servi à exprimer deux lettres qui se rencontrent assez rarement dans le mécanisme de notre langue. Pour distinguer ces deux caractères l'un de l'autre, l'on remarquera que le signe de l'*s* sténographique domine dans celui de l'*x*, comme en effet le son de l'*s* domine dans la prononciation de l'*x*; exemple : *axe*, *ak Se*.

Nous avons cru utile de communiquer ces diverses *raisons d'être* de chacun des caractères de l'alphabet sténographique, afin que, mettant l'intelligence au secours de la mémoire, l'opération de cette dernière faculte fût rendue plus facile.

Il ne reste plus maintenant à apprendre par cœur, d'une manière absolue, que quatre ou cinq caractères qui néanmoins se trouvent toujours régis par le double

---

(1) Le signe *on* ne peut jamais donner lieu à aucune confusion, parce qu'il n'y a aucune ligne courbe montante.

principe que nous avons établi dans le cours de ce chapitre (1).

Du Paradigme, de la manière de joindre les caractères.

C'est une règle invariable en Sténographie, de ne jamais lever la plume que le mot ne soit fini, si ce n'est pour tracer les points et les virgules représentant certaines initiales et certaines terminaisons dont nous nous occuperons plus tard. L'expérience démontre que le temps perdu à lever la plume, pour passer à une lettre suivante dans le même mot, nous eût suffi pour la tracer. C'est par l'observation de ce tableau qu'on s'accoutume à pratiquer facilement la liaison, d'ailleurs si facile, des caractères sténographiques.

Il serait difficile de concevoir une planche plus utile et plus simple que celle du paradigme. Cette table, faite absolument sur le modèle de celle de Pythagore, est

---

(1) L'*m* représentée par une ligne horizontale est affectée de la boucle, parce qu'elle est moins fréquente que l'*s*.

comme celle ci formée de deux colonnes, l'une horizontale, placée en haut du tableau, et l'autre verticale à gauche. Toutes deux comprennent dans le même ordre tous les signes de l'alphabet. La manière de l'interroger est très-facile.

Pour trouver, par le moyen de cette table, la liaison de deux caractères, on cherche le premier dans la colonne horizontale qui est au haut du tableau, et l'on descend verticalement, jusqu'à ce que l'on soit vis-à-vis du second qui se trouve dans la colonne verticale à gauche; c'est à la case formée par l'intersection des colonnes que doit nécessairement se trouver la réunion cherchée.

Des lettres doubles.

Quand deux mêmes consonnes sont réunies ensemble dans le même mot, on n'en exprime qu'une. Exemple : *consonne*, *consone*, *femme*, *fme*.

Si ces deux mêmes consonnes sont séparées par une voyelle ou par une diphthongue, et si la seconde ne forme pas une des terminaisons dont nous nous occuperons plus tard, on doit les exprimer toutes deux. La manière d'exprimer ces deux lettres est de doubler la longueur des lignes droites, la grandeur des demi-cercles bouclés ou non bouclés, et seulement la circonférence des boucles des lignes droites bouclées sans altérer la langue de la ligne droite : Exemple, *même*, *entêtement*. Si trois mêmes consonnes se rencontrent ainsi séparées, ce qui est bien rare, on triplera la forme du signe. Ex. *nûmement*, *saisisant* (1).

Il y a une exception à faire pour l'*n* : on ne double la largeur de cette lettre que lorsque les deux *n* ne forment qu'une seule et même syllabe ; si elles en forment deux, il faut répéter le signe ; on lie alors ces deux caractères de la manière la plus naturelle, c'est-à-dire que le premier jambage du dernier est attaché au dernier jambage du premier. Exemple, *nantes*, *ninives*.

On répète aussi deux fois les caractères à crochets *x*, *y* et *on*.

---

(1) Pour bien comprendre la règle du redoublement des consonnes, il faut consulter le paradigme aux cases renfermant les doubles consonnes.

OBSERVATIONS PRÉLIMINAIRES.

Avant de traiter des propriétés et de l'emploi de chaque signe, nous prévenons que dans l'écriture sténographique on supprime, outre les voyelles médiales, toutes les lettres ou syllabes superflues. N'ayant absolument aucun égard à l'orthographe, nous ne conservons aux mots que les lettres indispensablement nécessaires à la formation des sons. On supprime, par exemple, la troisième personne du pluriel des verbes finissant en *ent* muet. Ces trois lettres ont en effet le son de l'*e* muet, que nous n'exprimons jamais : ex., mêl*ent*, mêl*e*; répétai*ent*, répét*ait*. Il en sera de même de l'*s* du pluriel des substantifs et des adjectifs; ex., femme*s*, femme; futile*s*, futile; du *t* dans les finales *ent*, *ant*; ex., prés*ent*, prés*en*, const*ant*, const*an*; du *ct* dans certains cas; ex., instin*ct*, instin, distin*ct*, distin; du *b* et du *p*; ex., absor*p*tion, absortion; préce*p*te, précète; de l'*s* après les nasales; ex., tran*s*mettre, tranmettre; tran*s*portant, tranportant, etc. En un mot, on fait ces suppressions dans mille autres cas qu'il est inutile et qu'il serait trop long de citer. Ne posant aucune règle fixe sur leur usage, nous laissons à la sagacité de ceux qui étudieront notre méthode, la faculté d'étendre ce principe à tous les cas où *un bénéfice de rapidité ne sera point obtenu aux dépens de la lisibilité.*

Ayant déjà observé que dans la Sténographie on ne doit avoir aucun égard à l'orthographe, et que la peinture du son, s'il est permis de s'exprimer ainsi, est son unique but, on sent déjà, sans avoir besoin de le dire, comment on doit se diriger dans bien des cas; par exemple, il est inutile d'observer que le *c* est remplacé par le *k* et l'*s*, suivant sa consonnance avec ces deux lettres, ex. *c*anon, *c*ède ; *k*anon, *s*ède.

Que le *t* ayant le son de l'*s* prend le signe de cette dernière lettre, ex. atten*t*ion, essen*t*iel; atten*s*ion, essen*s*iel.

Que *ph* est représenté par le signe de l'*f*, ex. *ph*ilosop*h*e, *f*ilosofe.

Que le signe de l'*x* représente le *cc* et le *ct* ayant le son de cette lettre, ex. a*cc*ès, a*ct*ion, a*x*ès, a*x*ion.

Que l'*y* ayant le son de l'*i*, se confond toujours avec cette voyelle, par conséquent se supprime au milieu des mots : ex. m*y*stère; m*i*stère.

Que le *z* est remplacé par l'*s*, ex. ga*z*elle, *Z*énobie; ga*s*elle, *S*énobie.

Que le *ch* ayant le son du *k*, est remplacé par cette lettre, ex. *ch*ronologie, *ch*retien; *k*ronologie, *k*rétien.

Que l'h ne s'exprime jamais, ex. *h*omme, *h*éros; *o*me, *é*ro.

Parce qu'il est tout naturel (sténographiquement parlant) de figurer à nos yeux, par les mêmes signes, des sons qui sont les mêmes à nos oreilles, quoiqu'ils soient représentés différemment dans l'écriture usuelle, d'après les règles de l'orthographe, dont la Sténographie est la plus mortelle ennemie. Mais voici deux cas où l'on confondra dans un même signe des sons qui ont entre eux une grande analogie :

1° *ll* mouillés et *li* suivis d'une voyelle, ayant dans la prononciation beaucoup de rapports avec le son de l'*y*, seront figurés par le signe de cette consonne; ex. trei*ll*age, mi*li*ou, *li*eu; tre*y*age, mi*y*ou, *y*eu.

(*Nota.*) L'*y* ne s'emploie jamais en sténographie que comme consonne, c'est-à-dire que lorsqu'il est suivi d'une voyelle avec laquelle il forme articulation, comme dans crayon, noyau.

2° *ni* suivi d'une voyelle, quand ces deux lettres ont le son liquide et approchant du *gn*, se représente par le signe de cette double lettre, ex. inconvé*ni*ent, ré*union*, *ni*ant; inconvé*gn*ant, réu*gn*on, *gn*an.

Règles diverses.

RÈGLE 1re. Dans un système privé de voyelles médiales, une grande difficulté se présentait pour exprimer d'une manière satisfaisante le choc de deux voyelles appartenant à deux syllabes différentes. Ayant observé qu'entre ces deux voyelles il se fait une *aspiration* qui, en quelque sorte, les sépare, nous avons résolu cette difficulté en représentant par la consonne *aspiratoire h* ce qui a lieu entre ces deux voyelles Ainsi la consonne *h* sera toujours supposée régir la seconde voyelle (1). Ex. 1er, pl. II.

---

(1) On pourra faire quelques exceptions à cette règle, si la supposition de l'*h* n'est pas

Règle 2. Les syllabes *on* et *con* s'emploient lorsqu'elles *s'entendent*, c'est-à-dire qu'au commencement et au milieu des mots, elles sont suivies d'une consonne. Cette condition n'est pas nécessaire lorsqu'elles se rencontrent à la fin des mots. Ex. 2.

Règle 3. Les syllabes *ran* et *lan* ayant trouvé place dans notre alphabet plutôt que *pan*, *san*, *tan*, etc., parce que seules elles peuvent entrer comme liquides dans la composition des mots, elles ne seront employées en effet que lorsque, liquides elles se fondront dans une consonne qui les précède, pour former avec elle une seule et même syllabe.

Ces syllabes seront cependant appliquées au commencement des mots, lorsqu'elles s'entendront, c'est-à-dire lorsqu'elles seront suivies d'une consonne; au commencement des mots cette exception ne peut avoir des inconvéniens, car une liquide ne peut jamais commencer un mot.

Ainsi, excepté au commencement des

---

absolument nécessaire pour la lecture, comme dans *réélection*, *réintégration*, qu'on peut écrire *rélection*, *rintégration*, etc.

mots, le liquidité est indispensable pour donner lieu à l'emploi des signes *lan* et *ran*. Dans les mots par*lant*, mê*lant*, pa*rent*, ty*ran*, dé*ran*gement, etc., on ne doit pas se servir du *lan* et du *ran;* on doit alors écrire ces syllabes par les deux consonnes qui entrent dans leur composition, c'est-à-dire *ln* en *rn* et se conformer à la règle 5 ci-dessous. Ex. 3.

Nota. La règle relative à *lan* et *ran* est, on le verra plus tard, d'une très-grande importance. Comme elle présente peut-être, à une première lecture, quelques difficultés, nous conseillons d'y revenir plusieurs fois et de ne l'abandonner que lorsqu'elle aura été parfaitement conçue.

Règle 4. Quand *l* et *r* seront liquides, c'est-à-dire précédés *immédiatement* d'une consonne formant avec elles une articulation complexe, comme dans *cl*, *pl* et *pr*, on fera sentir la liquidité de l'*l* et de l'*r* en diminuant de moitié la dimension de leurs signes. Ex. 4.

Par abréviation, on peut retrancher le petit *l* dans la syllabe *ble*, placée à la fin des mots.

Règle 5. *c* fort ou *k*, *n* et *s* se diminuent de la moitié de leur dimension, lorsqu'ils terminent une syllabe. Cette diminution indiquera donc que, dans la lecture, la lettre diminuée ne forme qu'une seule et même syllabe avec la consonne qui la précède, et qu'on ne doit laisser aucun intervalle syllabique entre elle et la consonne qui la suit; en effet, puisque la diminution d'une lettre indique qu'elle termine une syllabe, il est évident que la consonne suivante doit commencer la prochaine syllabe. Ex. 5.

M à la fin d'une syllabe ayant le même son que l'*n*, sera remplacé par cette lettre et recevra l'application de la règle ci-dessus. Ex. 6.

M final signifiera *ment*.

Par extension de cette règle, l'*s* se diminue encore de moitié, quand au commencement d'un mot, il est suivi immédiatement d'une consonne. Ex. 7.

On pourra aussi étendre cette règle à presque toutes les consonnes; elles pourront également être diminuées pour indiquer qu'elles terminent une syllabe. Ex. 8.

Remarques sur les règles 4 et 5. Les règles 4 et 5 ont pour objet principal d'établir la division des syllabes et de faciliter ainsi la lecture. La diminution montre dans les deux cas que la lettre diminuée fait partie de la syllabe commencée par la consonne qui précède; il y a cette seule différence que *l* et *r* diminuées appartiennent à la consonne précédente d'une manière immédiate, et que la voyelle à restituer vient après, pr*a*, tr*i*, pl*o*, etc., tandis que dans le second cas la voyelle se trouve entre la première consonne et *k*, *n*, *s* diminués, p*as*, s*en*, l*is*, etc.

Règles de probabilité de lecture.

Supprimant indistinctement toutes les voyelles médiales, il est impossible de présenter des règles fixes et invariables, pour rétablir avec certitude, dans la lecture, celles des voyelles que l'on a omises en écrivant. Cependant la pratique de nos devanciers et notre propre expérience nous ont conduit à *des règles de probabilité* que nous communiquons à ce titre, à ceux qui étudient notre théorie.

Si avec leur secours on ne peut parvenir à la vraie traduction d'un mot, on aura soin de supposer un *é* fermé entre chaque consonne; ainsi, les consonnes s'épelleront *mé*, *ré*, *sé*, et non pas *me*, *re*, *se*, ni *emme*, *erre*, *esse*. Ce dernier moyen lèvera immédiatement toutes les difficultés.

b final se prononce *able;* ex. 9; précédé d'un *s* ou d'un *t*, il se prononce *ible;* ex. 10.

d final, *ade;* ex. 11.

v final, précédé d'un *s* ou d'un *t*, *ive;* ex. 12.

g final, *age;* ex. 13.

k final, *ique;* ex. 14.

km au commencement et au milieu des mots, *com;* ex. 15.

km final, *iquement;* ex. 16.

ss sis, *sus;* ex. 17.

tt titu; ex. 18.

td tude; ex. 19.

h est précédé d'*u;* ex. 20.

Le, *la*, *les*.

L'article ou le pronom *le*, *la*, *les* se représente par un point placé sur la ligne de l'écriture ;

de le, *de la*, *de les* (et non pas *du* ou *des*), par un point placé au-dessus de la ligne de l'écriture;

à le, *à la*, *à les*, *à des* (et non pas *au* ou *aux*), par un point placé au-dessous.

On aura soin d'isoler le point pronom ou article dans tous les cas, de peur qu'il ne soit confondu avec les points initiaux, desquels nous allons nous occuper dans la seconde partie, ex. 21.

Exercices sur la première Partie.

Avant d'aborder la deuxième partie, l'élève doit s'assurer qu'il possède bien non-seulement la théorie, mais même jusqu'à un certain point, la pratique des principes compris dans la première. Nous lui conseillons à cet effet d'écrire isolément et en colonne verticale chacun des mots donnés comme exemple, et d'en faire vingt, trente fois, s'il le faut, la traduction en caractères sténographiques mis en regard des caractères ordinaires. Cet exercice doit être continué quelque temps encore alors même qu'on ne ferait plus de faute, ce dont on peut facilement s'assurer en comparant son travail au modèle.

Les exercices ne seront faits que sur les mots qui dans la méthode sont donnés pour exemple. Les difficultés que présenteraient des mots mal choisis auraient pour inconvénient de dégoûter le commençant et de compromettre ainsi ses succès.

On ne saurait trop insister sur la première partie ; elle est sans contredit la plus importante par la fréquence de ses applications. L'étude des parties suivantes de l'ouvrage sera d'autant plus facile que les premiers signes et les premières règles auront été mieux saisis.

DEUXIÈME PARTIE.

Des initiales.

Nous appelons *initiales* les signes qui sont destinés à représenter les sons ou articulations qui se trouvent au commencement des mots. On les divise en *initiales voyelles* et en *initiales consonnes*.

(*Voy.* le Tableau des initiales, pl. 1.)

Initiales voyelles.

Les *initiales voyelles* comprennent les voyelles et les diphthongues nasales, les voyelles et les diphthongues simples, et ces mêmes voyelles et diphthongues combinées avec les lettres *l* et *r*.

Voyelles nasales. Toutes les voyelles nasales qui peuvent se rencontrer au commencement des mots se réduisent à trois sons bien distincts, *an*, *in*, *un*. *On* en est excepté, parcequ'il a déjà un signe général dans notre alphabet. Les initiales nasales seront représentées par un point placé au-dessus de *l'endroit où commence la premiere lettre du mot.* Ex 1 de la 2ᵉ partie, pl. II.

Voyelles simples. Les voyelles simples dans lesquelles nous avons compris la diphthongue *oi*, et les sons qui résultent de la combinaison de quelques voyelles entre elles, ne peuvent pas, comme les nasales, être réduites à un petit nombre ; elles ont chacune un son parfaitement distinct. Nous avons craint la confusion en les réunissant toutes sous la représentation d'un seul et même signe, comme cela a lieu dans le système de Taylor. Nous les avons divisées en deux séries ; la nature de la prononciation de ces sons nous a indiqué cette division. La première série comprend les voyelles *ouvertes*, c'est-à-dire celles qui se prononcent la bouche largement ouverte ;

la deuxième, les voyelles *fermées*, c'est-à-dire celles qui exigent un certain rapprochement de lèvres pour être prononcées.

Les voyelles *ouvertes*, *a*, *e*, *i*; *oi*, *ai*, *ei* et autres sons *analogues* sont représentés par un point placé *à côté* de l'endroit où commence la première lettre du mot; ex. 2.

Les voyelles *fermées*, *o*, *u*, *ou* et autres sons *analogues*, par un point placé *au-dessous* de l'endroit où commence la première lettre du mot (1); ex. 3.

Initiales composées en l *et en* r. Les initiales composées en *l* et en *r* sont également divisées en voyelles *ouvertes* et en voyelles *fermées*.

Les initiales composées *ouvertes*, *ar*, *er*,

---

(1) On ne placera pourtant jamais les points initiaux de voyelles simples ouvertes ou fermées devant les lettres diminuées de la moitié de leur grandeur, ni devant l'*x* et l'*y*.

Il serait en effet inutile de placer les points initiaux devant les lettres diminuées, puisque leur diminution, indiquant qu'elles terminent une syllabe, fait supposer nécessairement qu'elles sont précédées d'une voyelle.

ir; al, el, il, sont figurées par une petite virgule *rentrante* (1); ex. 4.

Les initiales composées *fermées*, *or, ur, our; ol, ul, oul*, par une petite virgule *sortante*; même ex.

Les initiales composées en *r* se placent au-dessus de l'endroit où commence la première lettre du mot, et les initiales en *l* se mettent au-dessous; ex. 5.

Pour faire apprécier la méthode que nous avons employée pour la formation des signes des *initiales composées*, nous devons constater ce fait, savoir que les voyelles *ouvertes* sont plus fréquentes que les voyelles *fermées*, et rappeler que l'*r* se rencontre beaucoup plus souvent que l'*l*.

On comprend maintenant beaucoup mieux pourquoi nous avons donné aux voyelles *ouvertes* la virgule facile, *rentrante*, tandis que la virgule *sortante* est restée affectée, par opposition, aux voyelles *fermées*, et aussi pourquoi nous avons assigné aux initiales en *r* la position supérieure qui, outre qu'elle est plus commodément exécu-

---

(1) *Rentrante* vers le *corps* de celui qui écrit.

table que l'inférieure, a l'avantage de pouvoir se lier avec les neuf lettres non bouclées, et dans ces cas de procurer l'économie d'une levée de plume.

Ainsi dans les initiales composées, les voyelles *ouvertes*, qu'elles soient combinées avec *r* ou avec *l*, sont représentées par la virgule *rentrante* facile, et qui *peut être lié* avec les lignes droites et les demi-cercles non bouclés (1), et les voyelles *fermées* en opposition, par la virgule *sortante* moins commode, et qui ne *peut jamais être liée*. La position supérieure ou inférieure de ces deux virgules sert à distinguer les initiales en *r* de celles en *l*.

Initiales consonnes.

Les initiales consonnes sont divisées en deux colonnes : la première comprend toutes les lettres de l'alphabet suivies immédiatement d'une des deux liquides *l* et *r*,

---

(1) *Ol* par exception ne peut être *lié* avec *s*; cette réunion formerait l'*x*. On évite cette confusion en détachant l'initiale.

et ces deux lettres, transportées à la fin de la syllabe, quelle que soit la voyelle qui les sépare de la première lettre, forment la série de la seconde colonne.

Dans les initiales consonnes, les lettres fortes et les lettres faibles correspondantes sont réunies sous la représentation d'un même signe. Ce signe est formé par celui de la forte ou celui de la faible, modifié par une addition ou renversement de boucle ou de crochet. Les combinaisons en *r* sont généralement tirées des signes des faibles et celles en *l* des signes des fortes.

Règle. On emploie les signes de la première colonne toutes les fois qu'il n'y a pas application d'une des syllabes *lan* et *ran*, comme dans *plan* et *prend ;* et ceux de la deuxième colonne, quand ils sont suivis d'une consonne et qu'il n'y a pas application d'une terminaison, comme dans *par*, *pair*, où l'on exprime les finales *ar* ou *air*. comme on le verra dans la partie suivante; ex. 6.

Exercices sur la seconde Partie.

Nous conseillons de faire sur les exemples de la seconde partie le même exercice que sur ceux de la première.

Comme il est prudent de ne pas aller en avant sans savoir parfaitement ce qui précède, on doit revenir sur les premières règles, et combiner les exercices de la première partie avec ceux de la seconde, d'abord en renversant l'ordre méthodique dans lequel se trouvent les exemples, et enfin en les mêlant au hazard.

TROISIÈME PARTIE.

Des finales.

On appelle finales ou terminaisons, les signes destinés à représenter les sons ou les syllabes qui se trouvent à la fin des mots.

Les finales se divisent en *finales simples*, *finales composées* et *finales diverses*.

On a sans doute remarqué le lien logique qui enchaîne les divers chapitres de ce traité. Dans la partie où nous allons entrer, nous avons redoublé d'efforts pour procéder, autant que possible, avec cet esprit méthodique qui est le mérite principal d'un ouvrage de ce genre.

« Procéder avec méthode, c'est garantir d'avance des succès. »

Ainsi, pour atteindre ce but, nous nous sommes attachés à déduire les nouvelles règles, à former les nouveaux signes des règles et des signes déjà connus.

On va voir que les terminaisons qui se forment les unes des autres dérivent elles-mêmes des initiales en *l* et en *r* déjà connues ; et c'est pourquoi nous en avons recommandé l'étude spéciale.

On sait que les initiales en *l* et en *r* sont divisées en deux classes ; que celles où les voyelles *ouvertes a, è* se font entendre (*ar, er ; al, el*) sont représentées par la virgule *rentrante*, et que celles où dominent les voyelles *fermées, o, u,* (*or, ur ; ol, ul*) sont figurées par la virgule *sortante*. On retrouvera dans les terminaisons, les virgules dans le même sens affectées aux mêmes voyelles qu'elles représentaient dans les initiales ; les terminaisons *a, è,* se figurent comme dans les initiales (*ar*, *er*, *al*, *el*) par une virgule *rentrante*; mais dans les terminaisons, ces deux sons n'étant pas confondus dans le même signe, on n'a plus qu'à apprendre à laquelle de ces deux voyelles appartient la position supérieure ou inférieure; même raisonnement pour la formation des terminaisons *o* et *u* qui, dans les terminaisons comme dans les initiales (*or*, *ur*, *ol*, *ul*), sont représentées par une virgule sortante.

Règle générale applicable à toutes les finales.

Les signes des terminaisons, quelles qu'elles soient, représentent la terminaison elle-même ou cette terminaison accompagnée d'une *s* ou d'un *t*; ainsi, le signe de la terminaison *a* = *a*, *as*, *at* (1), ex. *becasse*, *sulfate*;

---

(1) Le signe de *a* représente aussi *ace*, *ate*, parce que l'*e* muet ne compte pour rien en sténographie.

Celui de la finale *ul* = *ul*, *uls*, *ult*, ex. *compulse*, *résulte* ;

Celui de la finale *ar* — *ar*, *ars*, *art*, etc., ex. *comparse*, *écarte*.

Ce principe général doit être toujours présent à l'esprit pour l'application des signes des finales; c'est sur sa rigoureuse application qu'est fondé le chapitre des signes détachés, qui contient un des plus heureux perfectionnemens de ce système, sous le double rapport de la rapidité et de la lisibilité.

Finales simples.

Les finales *simples* sont celles qui sont formées par une voyelle ou une diphthongue; il en est cependant parmi elles qui se terminent par une consonne qui n'en altère pas sensiblement le son ou la prononciation, comme *saoul*, *sou*, *almanach*, *almana*, etc.

Les finales *a*, *as*, *at* : (voyelle *ouverte*) *oi*, *ois*, *oit*, et autres sons analogues, se représentent par une virgule *rentrante* liée au-dessus et à la fin de la dernière lettre du mot, ex. 1.

Celles en *ai*, *ais*, *ait*, *è*, *ès*, *èt* (voyelle *ouverte*), et autres sons analogues, par la même virgule *rentrante* liée dessous, ex. 2.

Celles en *u*, *us*, *ut*; *eu*, *eus*, *eut* (voyelle *fermée*) et autres sons analogues par une virgule *sortante* liée au-dessus et à la fin de la dernière lettre du mot, ex. 3.

Celles en *o*, *os*, *ot*, *au*, *aus*, *aut*, (voyelle *fermée*) et autres sons analogues, par la même virgule *sortante* liée au-dessous, ex. 4.

Celles en *é*, *és*, *ét*, par un point placé au-*dessus de la fin* de la dernière lettre du mot, ex. 5.

Celles en *i*, *is*, *it*, etc., par un point placé *au-dessous*, ex. 6.

Celles en *ou*, *ous*, *out*, etc., par une ligne verticale courbée à droite à sa naissance On lie ce signe à la dernière lettre du mot et on le commence par le crochet, ex 7.

Celles en *ui*, *uis*, *uit*; *oui*, *ouis*, *ouit*, etc., par une petite ligne horizontale courbée largement à son extrémité; on lie ce signe à la dernière let re du mot et on le finit par le crochet, ex. 8.

Des exercices analogues à ceux que nous avons déjà recommandés devront être répétés fréquemment sur les exemples correspondans à ce chapitre.

Finales composées.

Les finales *composées* se divisent en finales en *l* et en finales en *r*; leurs signes représentatifs sont dérivés de ceux des finales *simples*; il y a cependant quelques exceptions comme on le verra dans les deux chapitres y relatifs.

Des finales composées en l.

Nous appelons finales en *l* celles qui sont formées par les finales *simples* suivies d'un *l*.

Les finales *al*, *als*, *ail*; *oil*, *oils*, *oilt*, et autres sons analogues; *el*, *els*, *elt*, *eil*, etc.; *ul*, *uls*, *ult*, *eul*, *euls*, *eult*, etc.; *ol*, *ols*, *olt*, etc., se représentent par les signes des finales simples auxquelles elles correspondent, mais elles sont détachées de la dernière lettre du mot pour les distinguer des finales *simples*, ex. 9.

Celle en *il*, *ils*, *ilt*, *ille*, etc., se représente par un petit trait vertical détaché, par analogie avec la finale *simple* i, au-dessous de la dernière lettre du mot, ex. 10.

Celles en *oul*, *ouls*, *oult*, *ouille*, et par extension *uil*, *uils*, *uilt*, sont figurées par un *l* sténographique lié à la dernière lettre (1), ex. 11.

Des finales composées en r.

Les finales en *r* sont celles qui sont formées par les finales simples suivies d'un *r*.

Les finales *ar*, *ars*, *art*; *oir*, *oirs*, *oirt* et autres sons analogues; *er*, *ers*, *ert*; *air*, etc.; *ur*, *urs*, *urt*; *eur*, *eurs*, *eurt*, etc.; *or*, *ors*, *ort*; *aur*, etc., se représentent par la virgule des finales simples leur correspondant, à laquelle on en ajoute une seconde dans le sens opposé; les signes de ces terminaisons se lient à la dernière lettre, ex. 12.

Celle en *our*, *ours*, *ourt*, est représentée par deux petits demi-cercles horizontaux, ex. 13.

---

(1) Toutes les finales en *l*, *oul*, *uil*, exceptées, ayant chacune un signe représentatif différent, *l* sténographique placé à la fin des mots ne peut signifier que *oul* ou *uil* qui n'ont pas de signe spécial.

Celle en *ir*, *irs*, *irt* ; *ire*, par un *r* sténographique lié à la dernière lettre (1), ex. 14.

Remarque sur les finales composées. Nous avons déjà eu plusieurs fois l'occasion de constater que l'*r* est plus fréquent que l'*l* et de justifier ainsi le choix de meilleurs signes que nous avons fait, pour la première de ces deux lettres. Le redoublement lié des finales simples nous a paru plus rapide que le détaché; c'est pourquoi nous l'avons affecté aux finales composées en *r*.

Ici encore l'on doit suspendre l'étude de la théorie pour se livrer à des exercices d'abord sur les finales composées en *l* et *r*, et ensuite sur les exemples mêlés des finales simples et des finales composées.

Finales diverses.

Les finales diverses ne se présentaient pas, comme les finales *simples* et *composées*,

---

(1) *ir* final ne sera représenté par ce signe que lorsque l'*r* commencera une nouvelle syllabe, comme dans *sire*, *mirent;* dans les autres cas, il est représenté par la finale simple *i*. Exemple : ment*ir*, ment*i*.

par séries méthodiques. En effet, la terminaison *iste* est très-fréquente; celles en *aste*, *este*, *iste*, *uste*, *ouste*, au contraire, ne se rencontrent presque pas; la finale *ance*, *ence*, par sa répétition, exigeait un signe spécial; les finales *ince*, *once*, *unce*, *ounce*, ne se présentent pas assez souvent pour avoir aussi des signes particuliers. Si donc la formation des signes des finales diverses est moins méthodique, moins heureuse que celle des signes précédents, cela tient, comme on le voit, à la nature même de cette partie du système.

Cependant, pour rendre plus facile la mémoire des signes nouveaux qu'il nous reste à exposer, nous avons établi une division artificielle dont l'efficacité nous a été démontrée dans tous les cours de sténographie que nous avons faits.

Les initiales diverses sont divisées en trois séries. La première est désignée sous le titre de *finales initiales*, la seconde sous celui de *finales analogues*, et la troisième, sous celui de *finales arbitraires*.

Finales initiales.

Cette classe de finales diverses est appelée *finales initiales*, parce qu'elle est formée par la méthode suivie dans les initiales voyelles, c'est-à-dire, par la division en voyelles *ouvertes* et en voyelles *fermées*, auxquelles correspondent des signes représentatifs formant opposition l'un avec l'autre.

A*teur*, a*sseur*, é*teur*, e*sseur*, i*teur*, i*sseur*, sont figurées par une finale en *r* détachée *au-dessous*; position plus commode motivée par la fréquence relativement plus grande des voyelles *ouvertes*. O*teur*, o*sseur*, u*teur*, u*sseur*, ou*teur*, ou*sseur*, ont par opposition pour signe une finale en *r au-dessous*; position moins commode pour les *voyelles fermées* (1). Ex. 15.

A*tion*, a*ssion*, é*tion*, e*ssion*, i*tion*, i*ssion*, (voyelles *ouvertes*) sont représentées par une petite boucle de haut en bas (position commode), liée à la fin de la dernière lettre du mot.

---

(1) Tracées isolément, les finales *or* et *ur* sont les plus faciles parmi les finales en *r*. C'est pourquoi elles ont été préférées à *ar* et *er*.

La même boucle tracée de bas en haut (position moins commode et opposée à la précédente) pour o*tion*, o*ssion*, u*tion*, u*ssion*, ou*tion*, ou*ssion* (voyelles *fermées*). Ex. 16.

Les finales *antion*, *ention*, *intion*, *ontion*, *intion*, *ountion*, ne sont autres que les finales *ation*, *étion*, *ition*, *otion*, *ution*, *oution*, dont la première voyelle est devenue nasale, c'est-à-dire, plus intense. L'agrandissement du signe des finales précédentes rend parfaitement cette différence d'intensité de son. Ex. 17.

Les finales nasales *an*, *en*, *in*, *on*, *un* et *oun*, ont d'abord été divisées en voyelles ouvertes et en voyelles fermées; mais le petit *n* exprimant très-rapidement et très-lisiblement, *an*, *en*; *on* ayant déjà un signe général dans notre alphabet, et *oun* ne se rencontrant jamais à la fin des mots, nous avons fait disparaître ces quatre nasales; nos séries se sont alors trouvées réduites, celle des voyelles ouvertes à *in*, et celle des voyelles fermées à *un*.

La finale ouverte *in* est représentée par un petit trait de *droite à gauche*, lié ou détaché *ad libitum*, à la dernière lettre du mot. Ce signe a du rapport pour la direction avec celui de la finale simple *é*, son simple générateur de *in*; cette ressemblance des deux sons explique celle des deux signes.

Par opposition, la finale fermée *un* est figurée par un petit trait de *gauche à droite*, également lié ou détaché. Ex. 18.

Quelques exercices sur la première classe des finales diverses sont utiles avant de passer à la seconde.

Finales analogues.

Les finales comprises dans cette série sont dites *analogues*, parce que leurs signes représentatifs ne sont que des modifications de ceux que l'on aurait employés, si ces terminaisons de mots n'eussent pas été comprises dans des finales spéciales.

Oin, et par analogie *ouant*, *ouen*, etc., est représenté par un petit *n* bouclé à son extrémité; ex. 19.

Iant et par extension *fiant*, par un petit *n* détaché dessus ou dessous, *ad libitum* (1). Ex. 20.

---

(1) Ces signes, comme tous ceux qu'on a la liberté de placer dessus ou dessous, se mettent

Ié et par extension *isé*, *ité*, par la finale *é*, en ayant soin de placer très-haut le point; ex. 21.

Ason, *asson*, et par extension *oison*, *oisson*, par un grand signe *on*; ex. 22.

Anse et par analogie *ange*, *anche*, etc., par une finale *a* très-grande, bouclée à sa naissance du côté le plus commode à la liaison. *Anse* n'est en effet que la finale *as* plus intense; ex. 23.

Encore ici nous recommandons des exercices mais faits spécialement sur les *finales analogues*.

Finales arbitraires.

Les signes des finales de cette série étant purement arbitraires, la mémoire seule doit faire les frais de cette partie de notre système.

Iste et par extension, *isme*, *istre*, est figu-

---

indifféremment au-dessus ou au-dessous des caractères après une ligne horizontale; on les place au-dessous quand ils suivent une lettre tracée de haut en bas, et au-dessus, quand la lettre qui précède est tracée de bas en haut.

rée par un petit *zig-zag* détaché dessus ou dessous, *ad libitum* (1). Ex. 24.

Lement, *liment*, et par extension *lissement*, par un petit trait coupant perpendiculairement le dernier jambage de la dernière lettre du mot ; ex. 25.

Leté, *lité*, et par extension *licité*, par le même signe accompagné d'un point ; ex. 26.

Sivement, *tivement*, par un petit trait horizontal détaché dessus ou dessous, *ad libitum* (2) ; ex. 27.

Sivite, *tivite* , par le même signe accompagné d'un point; ex 28.

Graphe , *logue*, par un petit demi-cercle coupant la dernière lettre perpendiculairement et à son extrémité (3) ; ex. 29.

Graphie , *logie*, par le même demi-cercle accompagné d'un point (4) ; ex. 30.

---

(1) Voir la note précédente.

(2) *Idem*.

(3) Plus tard on pourra étendre ces signes à plusieurs autres désinences grecques : *gramme*, *crate*, *cratie*, *cratique*, etc.

(4) Nous devons dire que dans notre pratique nous avons supprimé sans inconvénient les trois

Après s'être livré à des exercices spéciau sur les *finales arbitraires*, l'on devra, comm récapitulation, mêler d'abord les exempl des trois classes des *finales diverses*, et ensui ceux de toutes les finales.

Que la vue du terme qui approche n fasse pas négliger les exercices ; un momen d'impatience, de précipitation, dans la ma che, pourrait, passez-nous l'expressio faire perdre l'équilibre et compromettre succès d'une étude qui, faite sans le secou d'un professeur, n'est pas sans difficulté

Des Monosyllabes.

Les monosyllabes ou mots composés d'u seule syllabe peuvent être considé comme initiales ou comme finales; pu qu'ils forment des mots entiers, ils sont en même temps le commencement la fin. Chaque son ayant un signe disti dans les finales, cette classe offrait a

---

points distinctifs des finales que nous venons faire connaître; le sens de la phrase rend c distinction presque toujours inutile.

nonosyllabes une représentation plus exacte que celle des initiales où les signes ont au moins une triple signification. C'est pourquoi nous représentons les monosyllabes par les signes des finales.

La ligne de l'écriture sera pour les monosyllabes ce qu'est la dernière lettre du mot pour les finales. C'est cette ligne idéale (1) qui déterminera la position supérieure ou inférieure des finales, suivant que leurs signes doivent se placer au-dessus ou au-dessous.

Les monosyllabes tirés des finales détachées se placeront très-haut ou très-bas, pour être distingués de ceux formés par les finales liées.

Pour éviter des subdivisions, nous avons compris sous le titre de monosyllabes, toutes les finales prises isolément, quoique quelques-unes d'entre elles, comme *ance*, *ste*, etc., soient composées de deux et même de trois syllabes; ex. 31.

Des signes détachés.

Tout signe détaché est considéré comme étranger au mot auquel il appartient. Abstraction faite des parties du mot représentées

(1) Rien ne serait plus nuisible que de se tracer des lignes au crayon.

par les signes détachés, le reste du mot est considéré comme mot entier, et reçoit par conséquent, s'il y a lieu, l'application d'une nouvelle initiale et d'une nouvelle finale.

On se relâchera cependant de la rigueur de ce principe, lorsqu'il donnera lieu à l'emploi successif de deux initiales ou de deux finales à signes détachés, comme dans *amitié ;* ex. 32.

Exercices généraux.

Tous les exemples des trois premières parties de la méthode doivent être repris dans leur ordre successif, et mêlés d'abord par chaque partie et enfin dans tout leur ensemble.

Quand cet exercice général aura convaincu que les règles et les signes sont parfaitement connus, l'on écrira par petites parties le premier morceau placé à la fin de la première planche.

Ce morceau peut donner lieu à des exercices d'une variété infinie; chacun suivant ses idées en méthode pourra se servir de ce modèle pratique.

Dût-on passer un très-long temps avant de l'écrire sans faute, nous conseillons de ne l'abandonner que lorsqu'on aura atteint ce résultat. Alors on essaiera de voler de ses propres ailes, et si l'on a suivi les conseils que nous n'avons pas craint de répéter à satiété dans les diverses parties de notre traité, les fruits d'une pratique habile de la sténographie viendront bientôt dédommager de l'aridité de l'étude de la théorie.

CONCLUSION.

Les trois premières parties de l'ouvrage renferment un système complet qui permet d'écrire tous les mots de la langue française avec une rapidité et une lisibilité supérieure à celles que peut procurer la pratique des différentes théories estimées.

La 4e partie, complément de notre théorie, peut s'en détacher. Nous conseillons aux personnes qui étudient la sténographie pour s'en servir seulement à prendre des notes avec une grande économie de temps, de s'arrêter ici; mais celles qui au contraire se sont proposé de l'appliquer à suivre mot à mot la parole de l'orateur, devront pour obtenir ce résultat avec plus de commodité, aborder la quatrième partie avec confiance; elles trouveront dans sa pratique une large compensation du peu de travail qu'exigera cette nouvelle étude.

Ici se termine l'exposition de la première partie de notre système. La déduction continue qui, comme un fil conducteur, a orienté dans ce dédale apparent de signes et de règles, a rendu sans doute cette étude non-seulement facile, mais aussi, jusqu'à un certain point, a causé quelque satisfaction aux esprits méthodiques et rigoureux. La bienveillance habituelle de nos auditeurs nous donne l'espoir de trouver auprès de nos lecteurs la même indulgence et partant la même approbation de nos travaux.

QUATRIÈME PARTIE.

La 4ᵉ partie comprend quatre règles dont la combinaison produit, pour un très-grand nombre de mots, une rapidité beaucoup plus grande que celle obtenue par les principes exposés dans les trois parties précédentes.

Règles nouvelles.

Première règle.

Les lettres tracées de haut en bas ou horizontalement de gauche à droite et par conséquent tous les demi-cercles dont une partie va toujours de gauche à droite, se renforçant avec facilité (1), nous nous

---

(1) La sténographie présente l'aspect de l'écri-

sommes servis du renforcement pour faire sentir que ces consonnes sont suivies d'une nasale, *on* excepté. Ainsi les caractères susceptibles d'être renforcés sont *f*, *h*, *s*, *m*, *ch*, *g*, *k*, *n*, *gn*, *con*, *ran*, *lan*, *x*, *on*, *fr*, *fl*, *fer*, *fel*, *cr*, *cl*, *car*, *cal*, *mer*, *mel*, *ner*, *nel*, *ser*, *sel*, *cher*, *chel*, ex. 1 (1).

Deuxième règle.

Un caractère placé au-dessus de la ligne indique qu'il est suivi de la syllabe *on*. On sent facilement que cette superposition ne peut avoir lieu que pour le premier caractère d'un mot, puisque, d'après les premières règles de cette méthode, on ne peut lever la plume que le mot ne soit fini. Quoique le reste du mot soit par le fait de sa liaison avec le premier caractère au-dessus de la ligne, chacun des caractères superposés ne recevra pas après lui l'application de la syllabe *on*; cette nasale ne sera applicable qu'au premier caractère *écrit* (2), ex. 2.

---

ture dite *ronde*; on sait que dans cette écriture la direction du bec de la plume va de gauche à droite.

(1) Quelques-uns de nos élèves, appliquant rigoureusement ce principe, renforcent même les signes des finales. Nous ne pensons pas que l'expérience sanctionne cette extension de notre règle.

(2) Nous disons *écrit*, car nous verrons que le

Remarque sur la 1re et la 2e règles.

Le renforcement et la superposition sont deux moyens qui, pris d'une manière absolue, ont une valeur très-contestable. Rien n'est plus fréquent que de manquer à l'application de ces deux moyens. Cette faute est dans notre système sans conséquence, car dans ce cas, l'addition instantanée du petit *n* ou du *on* vient immédiatement la réparer.

Troisième règle.

On supprime l'*s* ou le *t* (1) toutes les fois qu'après la suppression d'une de ces deux lettres, ce qui se trouve réuni est incompatible, c'est-à-dire lorsque la réunion des caractères rapprochés par la suppression de l'*s* ou de *t* est contraire aux règles de la syllabisation de la langue française ou aux règles établies dans cette méthode. Il y a donc deux sortes d'incompatibilités, celle de méthode et celle de syllabisation.

---

premier caractère pour l'œil n'est souvent pas le premier pour l'esprit, qui en suppose un autre, d'après les incompatibilités développées dans les règles trois et quatre.

(1) Le *d* étant la faible du *t* pourra recevoir par extension l'application de cette règle. Ex. : on pourra écrire ren*d*re comme ren*t*re.

Il est impossible d'assigner tous les cas où cette incompatibilité a lieu ; nous en avons cependant formulé les cinq principales applications.

1re *formule.* *Tr* et *tan* au commencement des mots donnent toujours lieu à la suppression du *t*, ex. 3.

Nota. *Tr* devra être compris dans les initiales consonnes de la 1re colonne, et recevoir l'application des règles qui concernent ces initiales (1), ex. 4.

2e *formule.* *Tr* à la seconde syllabe, quelle que soit la manière dont est formée la 1re, peut toujours s'exprimer sans *t*, ex. 5.

3e *formule.* Quand une syllabe *composée* (2) est séparée par un *s* ou un *t*, d'un petit *r* ou d'un signe qui rappelle une voyelle, il y a lieu à la suppression de l'*s* ou de *t*, ex. 6.

4e *formule.* Lorsque la seconde syllabe d'un mot est *son* ou *ton*, et que la première est formée par une syllabe *composée* ou par

---

(1) On se rappelle que dans ces initiales les fortes et les faibles sont comprises sous un seul et même signe ; donc le petit *r* initial signifiera *tr* et *dr*.

(2) Nous appelons *composée*, une syllabe terminée par une consonne, par opposition aux syllabes simples qui finissent par une voyelle. — Syllabes simples, *a*, *sa*, *pi*, etc. — Syllabes composées, *an*, *cal*, *pour*, *son*, *pren*.

une initiale consonne, ou par un *k*, un *l* ou un *r*, on écrit la première syllabe au-dessus de la ligne, et les deux premières se trouvent représentées, ex. 7.

5e *formule*. Toutes les fois qu'une nasale est séparée par un *s* ou un *t* d'un *n*, d'un *m*, ou d'un *gn*, l'on retranche l'*s* ou le *t*, ex. 8.

Quatrième règle.

On supprime aussi le *b* et le *p* suivis immédiatement d'un *l* liquide ou d'un *lan*, toutes les fois qu'après la suppression d'un de ces deux signes le caractère qui se trouve rapproché du petit *l* ou du *lan*, forme avec lui les mêmes incompatibilités que nous avons expliquées ci-dessus.

Cette règle d'incompatibilité comprend des cas moins nombreux que la précédente; nous n'avons encore trouvé qu'une formule d'application générale.

Formule unique. *Pl*, *bl* à la seconde syllabe s'écrivent sans *p* ou *b*, ex. 9.

Observation commune aux règles 3 *et* 4. Quand un mot dont les caractères sont incompatibles entre eux (c'est-à-dire lorsqu'on ne peut joindre en épelant les deux lettres rapprochées, ou que les rapprochant leur réunion est contraire à nos règles précédentes), se présente au traducteur, cette incompatibilité d'épellation ou de méthode l'avertit de la nécessité de réintégrer la lettre supprimée pour arriver à la traduction.

Moyens abréviatifs.

On s'aperçoit aisément, quand on devient exercé, qu'on peut se soustraire à quelques règles nécessaires à observer en commençant, mais superflues quand on possède parfaitement la pratique de ses procédés. Il n'est point de sténographe qui n'ait ce qu'on peut appeler son faire, bien qu'il suive la méthode de tel ou tel maître. Beaucoup d'exercice, en faisant acquérir une plus grande rapidité, donne aussi une plus grande facilité pour traduire ; c'est quand on a acquis cette facilité qu'on peut se relâcher de l'observation sévère des règles que nous avons tracées et faire usage de quelques moyens abréviatifs. Enfin, nous devons répéter ici que tout ce qui peut ajouter à la rapidité de l'écriture, sans rendre cependant les caractères intraductibles, est bon, et que le praticien ne doit repousser aucun des moyens qui se présentent à lui, s'ils tendent à ce but.

Premier moyen. Presque toutes les finales pourront être bouclées à leur naissance pour indiquer qu'elles sont suivies de la finale *é*; la boucle posée au contraire à leur extrémité marquera qu'elles sont suivies de la finale *i*, ex. 10.

Deuxième moyen. On pourra changer la finale *è* en *é*, toutes les fois que ce changement produira un bénéfice ou dans l'exécution ou dans la traduction; on pourra supprimer dans bien des cas la finale *é*, ex. 11.

Troisième moyen. On pourra aussi changer *air* final en *é*, quand *air* est précédé d'une des finales *ence*, *assion*, *otion*, *ontion*, ex. 12.

Sous l'exemple 13 se trouvent cinq signes qu'on peut employer dans le milieu des mots. Ils sont composés du signe de la terminaison simple *ou*, modifié par la lettre qui suit le son *ou*.

Ponctuation sténographique.

Quoique l'on puisse se passer de ponctuation en Sténographie (1), nous en offrons un système, qui, sans altérer la rapidité de l'écriture, en facilitera la traduction; il consiste à laisser un plus grand

---

(1) Dans les sujets sublimes, on ne se sert ni de points, ni de virgules : comme ces compositions ne sont qu'à l'usage des lettrés, c'est à eux à juger où le sens finit, et les gens habiles ne s'y trompent jamais. (*Histoire de la Chine.*)

intervalle entre les mots qui seront séparés par les signes de ponctuation. L'intervalle sera d'autant plus long que le signe de ponctuation présente un plus long silence.

Cependant le silence n'étant pas le seul effet de certains signes de ponctuation, on trouvera (le point, la virgule, les deux points, et le point et virgule exceptés) des caractères pour les autres signes de ponctuation. Nous conseillons de s'habituer dès le principe à négliger tout signe de ponctuation. L'intelligence du sténographe supplée facilement à cette omission, ex. 14.

Numération sténographique.

Les chiffres arabes sont, pour la numération, une espèce de sténographie de l'écriture usuelle; elle est très-rapide et a l'avantage d'être familière à tout le monde; aussi l'avons-nous conservée. Il est quelques cas où pourtant elle ne suffirait pas. Ce sont principalement les sommes qui nécessitent l'emploi successif de plusieurs zéros qu'il serait difficile de recueillir par les chiffres ordinaires. Trois signes auxiliaires lèvent la difficulté.

Un *s* sténographique représentera cent;
Un *m* — mille;
Un grand *M* — million. Ex. 15.

Noms propres.

On coupera d'un petit trait le milieu du dernier jambage des noms propres d'hommes, de divinités, de lieux, des mots techniques d'arts ou de science, ou des mots peu usités.

On obtiendra le même résultat en les soulignant.

On pourra aussi les écrire par syllabes détachées et soulignées. Ce moyen, quoique plus lent, doit être préféré lorsque le nom propre n'est pas familier. Ex. 16.

Mots arbitraires.

La plupart des lettres de l'alphabet nous servent déjà à représenter abréviativement plusieurs mots très-fréquens. On trouvera, à la fin de la pl. 2 quelques autres abréviations pour différens mots ou membres de phrases qui se rencontrent souvent dans le discours. Nous conseillons aux praticiens de se faire un grand nombre d'abréviations particulières : elles sont de la plus grande utilité.

Traduction des deux exemples de la planche Ire.

PREMIER EXEMPLE.

Il faut être heureux, cher Emile; c'est la fin de tout être sensible; c'est le premier désir que nous imprima la nature et le seul qui ne nous quitte jamais. Mais où est le bonheur? qui le sait? chacun le cherche, et nul ne le trouve. On use la vie à le chercher, et l'on meurt sans l'avoir atteint. Tant que nous ignorons ce que nous devons faire, la sagesse consiste à rester dans l'inaction. C'est de toutes les maximes celle dont l'homme a le plus grand besoin et celle qu'il sait le moins suivre. Chercher le bonheur sans savoir où il est, c'est s'exposer à le fuir c'est courir autant de risques contraires qu'il y a de routes pour s'égarer.

(*Emile : J.-J. Rousseau*).

DEUXIÈME EXEMPLE.

Les peuples sont absolument comme les enfans qui, ayant un désir, pleurent et en veulent à leur nourrice tant qu'elle ne l'a pas deviné et contenté, l'objet de ce désir fût-il la lune, que la nourrice ne peut atteindre. Ainsi sont faits les peuples : ils sentent le malaise, les inquiétudes qui les tourmentent; mais ils ne se rendent compte ni de l'objet de ces inquiétudes, ni de la raison de ce malaise; et alors ils s'en prennent de leur mal à la forme de société sous laquelle ils vivent, et alors ils accusent les hommes qui les gouvernent de ce que l'objet mal démêlé qu'ils poursuivent, et qu'ils ont raison de poursuivre, ne leur est pas donné. C'est pourquoi, à la place des hommes qui règnent, ils veulent toujours d'autres hommes ; à la place des formes établies, d'autres formes ; à la place de l'ordre social et des lois existantes, un autre ordre social et d'autres lois ; persuadés que la cause du mal étant dans le Gouvernement, dans les lois, dans l'organisation de la société, en changeant tout cela, ils auront ce qu'ils désirent ; et point du tout, quand ils ont tout changé, ils se sentent tout aussi malheureux et tout aussi mécontens qu'auparavant. C'est que ces changemens ne sont que des changemens matériels et nullement un changement moral, et que c'est à un changement moral que les âmes aspirent ; c'est qu'aussi long-temps que les solutions des questions suprêmes. au nom desquelles seules on peut organiser la société d'une manière vraie et conforme aux besoins qui sont dans les esprits, ne seront pas trouvées, on tournera toujours dans le même cercle vicieux et dans la même impuissance.

(*Droit naturel*, 10e *leçon*, *Th. Jouffroy*).

FIN.

TROYES. — IMPRIMERIE DE CARDON.

Pl. 1ère

ALPHABET STÉNOGRAPHIQUE

Lignes droites.

Lignes courbes.

Lignes droites bouclées.

Lignes courbes bouclées.

Lignes à crochets

INITIALES.

INITIALES VOYELLES.

INITIALES CONSONNES.

1ère Colonne — 2e Colonne

PARADIGME.

De la manière de joindre les caractères entr'eux.

FINALES ET MONOSYLLABES.

SIMPLES. — COMPOSÉES.

DIVERSES.

Finales-initiales. — Finales-analogues.

Finales-arbitraires.

MODÈLES DE TRADUCTION,

d'après les règles des 3 premières parties.

1er Exemple.

2e Exemple.

MÊMES MODÈLES

d'après toutes les règles et tous les moyens de la 4e partie.

1er Exemple.

2e Exemple.

EXEMPLES

1re Partie

2e Partie

3e Partie

4e Partie

MOTS ARBITRAIRES

www.ingramcontent.com/pod-product-compliance
Lightning Source LLC
LaVergne TN
LVHW020427230826
846091LV00004B/1422

* 9 7 8 2 0 1 6 1 4 4 4 7 3 *